Usborne Verlag

Mein erster Reise-Mitmachspaß

Text: Kirsteen Robson

Gestaltung:
Jenny Addison, Sharon Cooper,
Carly Davies und Marc Maynard

Illustrationen:
Manola Caprini, Maria Neradova,
Fred Blunt, Lauren Ellis, Ana Bermejo,
Adrien Siroy, Jenny Winstanley
und Jannie Ho

Finde diese Ausschnitte im großen Bild. Kreise sie ein.

Verbinde die Punkte
der Reihe nach.

3

Zeichne eine Linie durch die Rutsche, ohne die Seiten zu berühren.

Finde die Wörter! Sie können waagerecht oder senkrecht geschrieben sein.

M	K	V	O	M	C	W	N
S	E	E	T	A	N	G	E
A	X	I	L	V	Ö	H	T
N	A	M	P	R	F	K	Z
D	F	E	L	S	I	M	G
G	K	R	E	B	S	Ö	P
Q	R	U	K	P	C	W	I
T	M	U	S	C	H	E	L

Netz ✓	Fels	Eimer
Krebs	Sand	Möwe
Fisch	Muschel	Seetang

Welche Dinge braucht man nicht für ein Picknick? Kreise sie ein.

Kreise das Puzzleteil ein, das in die Lücke passt.

Jeder Tiger hätte gerne fünf Streifen auf dem Rücken. Zeichne die fehlenden Streifen ein.

Verteile die restlichen Fähnchen so, dass jede Sandburg gleich viele hat. Wie viele Fähnchen sind es pro Burg?

8

Lösung: ....

Verbinde jeden Dinosaurier mit dem passenden Ei.

Kreise das Kind ein, das keinen Krebs gefangen hat.

Male alle Felder aus, die blaue Punkte enthalten. Welches Bild entsteht dabei?

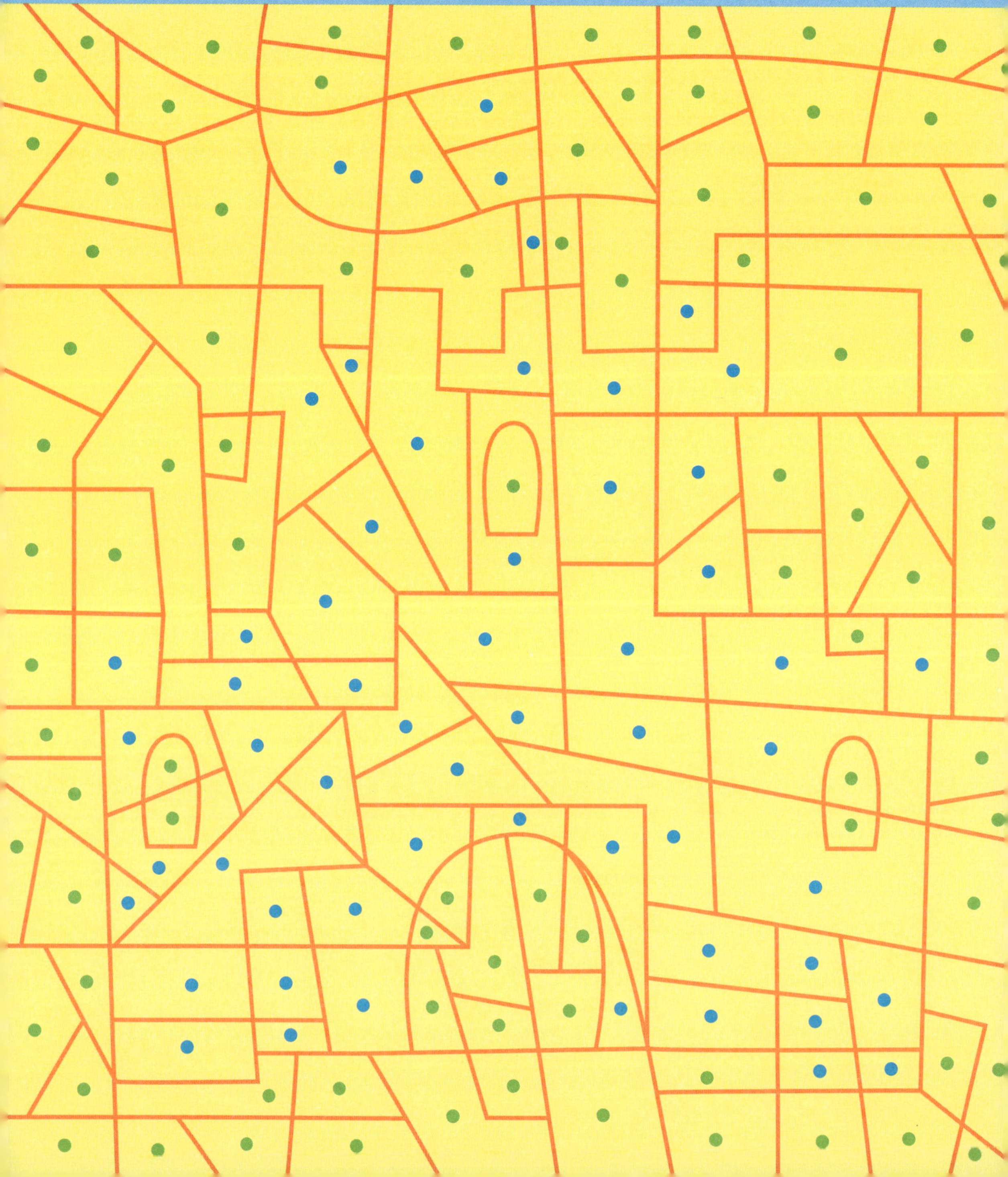

Finde fünf Unterschiede.

Suche folgende Dinge und kreise sie ein:

- eine Wollmütze
- einen Pinguin
- einen Piraten
- einen Riesenkraken
- einen gepunkteten Schwimmring

Finde diese beiden Gruppen unten im Bild. Kreise sie ein.

1.

2.

Welcher Koffer ist auf dem Bildschirm zu sehen? Kreise ihn ein.

Sind auf diesem Bild mehr blaue oder mehr rote Autos zu sehen?

Lösung:

....

Auf wen wartet Tim?

Die Person hat einen Koffer, ...

... keine Kopfbedeckung ...

... und hört Musik.

Welche Strecke führt die Gokarts vom Start ins Ziel?

Gibt es mehr Schlangen mit Streifen oder mit Punkten?

Lösung: ....

Finde fünf Unterschiede.

Suche folgende Dinge und kreise sie ein:

ein Krokodil

eine Zahnbürste

einen Clown

vier Fahnen

ein Raumschiff

Finde die Wörter! Sie können waagerecht oder senkrecht geschrieben sein.

T	U	P	S	E	G	A	Ä
F	G	A	P	I	Z	U	G
L	B	T	F	V	Q	T	D
U	H	B	A	L	L	O	N
G	F	Ä	H	R	E	F	D
Z	T	M	R	B	U	S	J
E	A	T	R	O	T	K	A
U	X	R	A	O	U	B	K
G	I	F	D	T	V	T	U

Bus ✓	Taxi	Zug
Auto	Fähre	Ballon
Boot	Flugzeug	Fahrrad

Zeichne Punkte und Streifen auf die Fische.

Kreise den Gegenstand ein, der nur einmal zu sehen ist.

Finde diese Ausschnitte im großen Bild. Kreise sie ein.

Welcher Flamingo blickt in eine andere Richtung? Kreise ihn ein.

Beschrifte die Bilder von 1 bis 4 und
bringe sie so in die richtige Reihenfolge.

Finde fünf Unterschiede.

Mit welchem Tau ist das Boot festgebunden?

Lösung: ....

Zu welchem Stand geht Lea?

Der Stand hat keine Sitzplätze, …

… verkauft keine Getränke …

… und serviert warme Speisen.

Male den Schneemännern Gesichter, Knöpfe, Arme, Mützen und Schals.

An welchem Pfad grasen die meisten Schafe? Male ihn nach.

Wo fahren mehr Passagiere mit?
Im Zug oder im Bus? Zähle nach.

Kreise die Gegenstände ein, die man nicht mit in den Urlaub nimmt.

Verbinde die Passbilder
mit den Besitzern der Pässe.

Finde sieben Unterschiede.

Gibt es genug Ostereier, damit jedes Kind zwei bekommt?

Lösung: ....

Welche Strecke führt die Achterbahn zum Ziel?

Welches Foto hat Anke gerade gemacht?
Kreise es ein.

A

B

C

Kreise das Bild ein, das in die Lücke passt.

Sind auf dem Bild mehr Krokodile oder mehr Vögel zu sehen?

Lösung:

....

Zeichne die blaue Strecke nach, ohne die Ränder zu berühren.

Finde die Wörter! Sie können waagerecht oder senkrecht geschrieben sein.

G	K	L	J	O	P	M	D
P	G	D	U	N	K	E	L
K	Ü	R	B	I	S	Z	F
A	H	E	X	E	P	A	I
T	O	G	G	E	I	S	T
Z	B	E	S	E	N	O	G
E	F	T	M	O	N	D	T
Ü	G	R	U	S	E	L	Z

Hexe ✓	Mond	Spinne
Katze	Geist	Grusel
dunkel	Besen	Kürbis

Finde diese Ausschnitte im großen Bild. Kreise sie ein.

Finde diese beiden Gruppen unten im Bild. Kreise sie ein.

1.

2.

Finde sechs Unterschiede.

Jeder Löwe ist zweimal abgebildet.
Verbinde die Paare.

Wer hat Leo nass gespritzt?

Das Kind hat eine Schwimmbrille, ...

... einen gestreiften Schwimmring ...

... und einen Hut.

Verbinde die Punkte der Reihe nach.

Wer hat die meisten Fische gefangen?

Fast alle Möwen gibt es zweimal. Welche ist einzigartig? Kreise sie ein.

Male alle Felder aus, die blaue Punkte enthalten. Welches Bild entsteht dabei?

Zeichne Muster auf die Segel.

Welche Gegenstände gehören nicht ins Meer? Kreise sie ein.

Malin möchte zur Statue in der Mitte des Irrgartens gelangen. Zeige ihr den Weg.

Welche Strecke führt an den wenigsten Bäumen vorbei? Male sie nach.

Welche Gegenstände braucht man nicht am Strand?
Kreise sie ein.

Verbinde erst die gelben, dann die orangefarbenen Punkte der Reihe nach.

Gibt es ein Paar Skier für jedes Kind?

Lösung: ....

Kreise den Vogel ein, der zu diesem Umriss passt.

Finde sechs Unterschiede.

Sind auf diesem Bild mehr Planeten oder mehr Raumschiffe zu sehen? Lösung: ....

62

Finde zwei gleiche Krebse und zwei gleiche Seesterne. Kreise sie ein.

Welche Rutsche führt ins Schwimmbecken?
Kreise die Startfahne ein.

Male das Muster auf der anderen Hälfte der Drachen weiter.

Welchen Bildausschnitt sieht Rolf durch das Fernglas?

A

B

C

Welches Feuerwerk ist einzigartig?
Kreise es ein.

Beschrifte die Bilder von 1 bis 4 und bringe sie so in die richtige Reihenfolge.

Welches Flugzeug hat gerade abgehoben?
Folge den Flugspuren, um es herauszufinden.

Sind genug Karotten da,
damit jeder Hase eine bekommt?

Finde die Wörter! Sie können waagerecht oder senkrecht geschrieben sein.

A F K U Z R S T H
Z E L T R X T E P
R U C K S A C K I
O E O E E U A I C
F R L W I P M N K
M U A J L L P D N
R X M B P L I E I
I S P H D E N R C
S H E R I N G O K

Hering ✓	Kinder	Feuer
Seil	Picknick	Rucksack
Zelt	Lampe	Camping

Zeige Mia den Weg zum Ausgang.

Verbinde erst die blauen, dann die lilafarbenen Punkte der Reihe nach.

74

Male alle Felder aus, die gelbe Punkte enthalten. Welches Bild entsteht dabei?

Welches Rentier heißt Rudolf?
Male seine Nase rot aus.

Verbinde jedes Schildkrötenbaby mit seiner Mutter.

Führe Lukas über die weiße Spur zu seinem Zelt.

Finde sechs Unterschiede.

Gibt es auf diesem Bild mehr blaue oder mehr rote Papageien?

Lösung: ....

Finde diese beiden Gruppen unten im Bild. Kreise sie ein.

1.

2.

Fast alle Boote gibt es zweimal. Welches ist einzigartig? Kreise es ein.

Zeige Eva den Weg über den Minigolfplatz zum Schatz. Sie muss alle Löcher der Reihe nach spielen.

Welche Qualle schwimmt in eine andere Richtung? Kreise sie ein.

Male die Schienen nach, ohne die Ränder zu berühren.

Zähle die Krebse, Seesterne und rosa Muscheln.
Wovon gibt es am meisten?

Lösung: ....

Finde die Wörter! Sie können waagerecht oder senkrecht geschrieben sein.

P	N	F	R	O	S	C	H
A	I	K	W	R	C	S	B
P	B	R	D	O	H	T	R
A	V	O	G	E	L	O	A
G	M	K	A	C	A	R	T
E	U	O	F	H	N	C	E
I	A	D	F	R	G	H	L
X	B	I	E	N	E	X	N
N	I	L	P	F	E	R	D

Biene ✓	Schlange	Papagei
Frosch	Storch	Vogel
Nilpferd	Affe	Krokodil

Zeige Jan den Weg zur Fähre.
Er kann nicht an den gelben
Taxis vorbeifahren.

88
Kreise Klaras Hund ein.
Klara
Er hat Schlappohren, ...
... geflecktes Fell ...
... und ein rotes Halsband.

Kreise die beiden Fische ein, die genau gleich aussehen.

Kreise das Bild ein, das in die Lücke passt.

Verbinde erst die gelben, dann die orangefarbenen Punkte der Reihe nach.

Zeige dem roten Flugzeug den Weg zur Startbahn. Es darf nur in Richtung der Pfeile fahren.

Finde diese Ausschnitte im großen Bild. Kreise sie ein.

94

Verziere die Muscheln und Seesterne.
Der Anfang ist bereits gemacht.

Lösungen

1

5

9

2

6

10

7

4

8 Lösung: 3

11

Lösungen

12

13

14

15

16 Lösung: Blaue Autos

17

18

19 Lösung: Schlangen mit Streifen

20

21

22

24

Lösungen

25

26

27

28

29 Lösung: D

30

32

33 Lösung: Im Bus

34

35

36

37 Lösung: Ja

Lösungen

38

39 Lösung: B

40

41 Lösung: Krokodile

43

44

45

46

47

48

49

Lösungen

50

51

52

54

55

56

57

58

59 Lösung: Nein

60

Lösungen

61

65

68

62 Lösung: Planeten

63

66 Lösung: B

69

70 Lösung: Nein

64

67

71

Lösungen

72

73

74

75

76

77

78

79 Lösung: Rote Papageien

80

81